Barbara Gruse
Oslo, Juli '95

Aventuras Kulturführer

AVENTURA

Kjell Bækkelund

Edv. Grieg

Ein Frühlingssturm
aus dem Norden

Der Trauerzug, 9. September, 1907.

Etwas Seltsames geschah, als Edvard Grieg in der Nacht zum 4. September 1904 starb. Die Krankenpflegerin Clara Sofie Jensen, die bei ihm Nachtwache hielt, hat folgendes erzählt: … in dieser Nacht war mir klar, daß sein Leben sich dem Ende entgegenneigte. Ich wollte die zweite Schwester holen, und schließlich mußte doch auch Frau Grieg verständigt werden. In diesem Moment geschah etwas Merkwürdiges, das ich niemals vergessen werde. Grieg richtete sich im Bett auf, es wirkte sehr feierlich – er machte eine tiefe, ehrerbietige Verbeugung. Es war keine zufällige Bewegung, es konnte nicht der geringste Zweifel daran bestehen, daß er sich verbeugte, wie ein Künstler vor seinem Publikum. Dann sank er still zurück und blieb unbeweglich liegen.

Griegs symbolische Geste auf dem Totenbett war ein Gruß an die gesamte musikalische Welt. Bei seinem Tod war er der berühmteste Norweger aller Zeiten – vielleicht hat ihn auch später kein Landsmann mehr an Ruhm übertroffen. Durch seine Musik hatte er sich eine ganze Welt zu Füßen gelegt, und das war ihm mit folgendem schlichten Motto geglückt: »Künstler wie Bach und Beethoven haben hoch oben Kirchen und Tempel errichtet. Ich wollte, wie Ibsen in seinen letzten Dramen, Häuser für die Menschen bauen, in denen sie sich zu Hause fühlen und glücklich sein können.« Ganz bestimmt widmeten viele schlichte Menschen in ihrer Trauer Edvard Grieg einen stillen und freundlichen Gedanken, als die Nachricht von seinem Tod sie erreichte.

Die Anfänge

Der Keim zum Märchen von Edvard Grieg wurde bereits in seiner Kindheit gelegt – obwohl er damals noch nicht daran dachte, Musiker oder Komponist zu werden. Nein, sein Berufsziel war Pastor! »Einer Zuhörermenge predigen oder zusprechen zu dürfen, erschien mir großartig,« erzählt er in seinem selbstbiographischen Essay *Mein erster Erfolg*. In der Regel bestand die Zuhörermenge nur aus seinen Eltern und Geschwistern. Edvard konnte alle Gedichte im Lesebuch auswendig, und »jeden Tag nach dem Essen, wenn Vater in seinem Sessel ein Nickerchen machen wollte, ließ ich ihm keine Ruhe, ich trat hinter einen Stuhl wie an ein Pult und legte hemmungslos los. Ich behielt Vater im Auge, der scheinbar vor sich hindöste. Aber ab und zu lächelte er dann doch. Dann war ich glücklich. Das war Anerkennung.«

Indessen was es Ole Bull, der Anstoß zu Griegs musikalischer Karriere gab. Als er im Sommer 1858 Landås

*Dies ist das erste Bild
das man von Edvard Grieg kennt.
Es ist der Ausschnitt einer Daguerrotypie
Edvard Griegs im Alter
von 11 Jahren.*

besuchte, hörte er Edvard Klavier spielen, u.a. eigene Kompositionen. Ole Bull erschien Edvard, der Bull noch nie gesehen, dafür aber um so mehr über diesen Jugendfreund seines Vaters gehört hatte, als der reine Gott aus dem Märchen. Grieg erzählt, daß die Familie bei Bulls Besuch »atemlos seinen haarsträubenden Erzählungen von seinen Reisen durch Amerika lauscht. Das war etwas für die kindliche Phantasie. Als er dann erfuhr, daß ich komponierte und phantasierte, kannte er kein Erbarmen: Ich mußte ans Klavier. Ich begreife nicht, was Ole Bull damals an meinen naiven, kindlichen Klängen finden konnte. Aber er wurde ernst und redete mit meinen Eltern. Und ihre Verhandlungen fielen nicht zu meinen Ungunsten aus. Denn plötzlich trat Ole Bull an mich heran, schüttelte mich auf seine eigentümliche Weise und sagte: ›Du gehst nach Leipzig und wirst Künstler!‹ «

Der Rat einer Autorität wie Bull wog schwer! Mit fünfzehn Jahren wurde Edvard Grieg zu einer gründlichen Ausbildung an eines der berühmtesten Konservatorien seiner Zeit geschickt. Er wurde von der Schule genommen und machte sich zusammen mit einem Freund seines Vaters auf den Weg nach Leipzig. Dort wurde er in einer Pension abgeliefert, der Freund seines Vaters verabschiedete sich, und Grieg erzählt von fast abgrundtiefer Verzweiflung, denn »da stand ich fünfzehnjähriger Knabe allein im fremden Land unter fremden Menschen. Heimweh überwältigte mich, ich ging auf mein Zimmer und weinte ohne Unterlaß … Doch Kinderstimmungen ändern sich schnell. Bald überwand ich mein Heimweh, und obwohl ich nicht die geringste Vorstellung davon hatte, was es überhaupt bedeutet, Musik zu studieren, war ich doch ganz sicher, daß das Wunder geschehen würde, daß ich nach meinem dreijährigen Studium als Hexenmeister im Reich der Töne heimkehren würde! Das beweist vor allem, wie naiv ich war, daß das Kind in mir dominierte. Und deshalb möchte ich auch nicht anders betrachtet werden denn als Kinderkonservatorist.« Hier ist Grieg zu bescheiden, denn er verließ das Konservatorium mit strahlenden Zeugnissen. Er hatte seine Kompositions- und Klavierstudien sehr ernst genommen. Seine Lehrer, die zu den bedeutendsten in Europa gehörten, stellten ihm die allerbesten Zeugnisse aus.

Als er im Frühling 1862 nach Bergen heimkehrte, mußte er jedoch feststellen, daß die Klangsprache, die er sich in Leipzig angeeignet hatte, nicht seine eigene war. In einem Interview viele Jahre später erzählt Grieg, daß er nach seinem Studium in Leipzig «mit Chopin, Schumann, Mendelssohn und Wagner gespickt war und gewissermaßen Ellbogenfreiheit und das Atmen in einer persönlicheren und selbständigeren Luft brauchte». Aber Grieg scheint zunächst nicht auf den Gedanken gekommen zu sein, zu Hause in Bergen nach einer persönlichen Klangsprache zu suchen – «ich war durch meinen Aufenthalt in Leipzig total zerstört. Wußte weder aus noch ein, als mich eine undefinierbare Sehnsucht nach Kopenhagen

Grieg zusammen mit seinen dänischen Freunden Emil Horneman und Louis Hornbeck.

trieb...» Grieg gab dieser Sehnsucht nach und reiste im April 1863 in die dänische Hauptstadt, um dort etwas zu finden, »das tausend Meilen von Leipzig und seiner Atmosphäre entfernt lag«. Seine Kompositionen aus den in Kopenhagen verbrachten Jahren 1863–67 zeigen, daß Grieg über einen nordischen Tonfall zu seiner persönlichen musikalischen Sprache fand. Dieser nordische Ton in Griegs Musik aus jener Zeit sprach den großen dänischen Komponisten Niels Wilhelm Gade an, der als der »Löwe des dänischen Musiklebens« bekannt war. Als Grieg seine Klaviersonate und seine erste Violinsonate komponiert hatte, begab er sich damit zu Gade nach Klampenborg, wo sich folgende amüsante Geschichte zutrug: «Er sah sie voller Behagen durch, nickte, klopfte mir auf die Schulter und sagte: ›Das ist wirklich schön. Jetzt werden wir Ihnen genauer auf die Finger sehen.‹ Dann kletterten wir über eine schmale Hühnerleiter hinauf in Gades Arbeitszimmer, wo er sich vors Klavier setzte und total begeistert war. Ich habe gehört, daß Gade sehr viel Wasser trank, wenn er inspiriert war. An diesem Tag leerte der Professor vier große Karaffen.»

Vor diesem Erlebnis war Grieg jedoch von Ole Bull unmißverständlich klargemacht worden, daß er als Komponist und Künstler scheitern würde, wenn er den von Gade gewiesenen Weg einschlüge. Grieg hatte im Sommer 1864 mehrmals Ole Bull in dessen Haus in Valestrand besucht. Einer dieser Besuche sollte entscheidend wirken, und noch einmal konnte Bull Griegs künstlerische Entwicklung steuern. Er war es, »der als erster in mir den Entschluß weckte, charakteristische norwegische Musik zu komponieren... Er war mein Retter. Er öffnete mir die Augen für die Schönheit und Einzigartigkeit der norwegischen Musik. Durch ihn lernte ich viele vergessene Volkslieder kennen, vor allem jedoch meine eigene Natur. Ohne Ole Bulls segenreichen Einfluß würde ich farblose Musik im Stil von Gade schreiben ... er imitierte sklavisch Mendelssohn, dessen bloßes Echo er war. Nachdem Ole Bull ein von mir unter Gades Einfluß komponiertes Klavierstück gehört hatte, sagte er zu mir: »Edvard, für diesen Weg bist du nicht bestimmt. Wirf Gades Joch ab. Schaffe deinen eigenen Stil! Das kannst du. Schreibe Musik, die deinem Lande Ehre bringt. Du mußt ein starkes norwegisches Tongefühl entwickeln. Dann kannst du berühmt werden, aber wenn du in Gades Fußstapfen trittst, kannst du dich nur im Morast suhlen.« «Da fiel es mir wie Schuppen von den Augen. Ich befolgte Ole Bulls Rat und entwickelte den Stil, der heute als typisch für mich gilt,« erzählt Grieg.

Grieg berichtet auch, daß Bull, um die Sache wirklich spannend zu machen, mit ihm in »eine tiefe, fast unzugängliche Höhle ging, wie er das nannte, und dort spielte er mir die zauberischen norwegischen Melodien vor, die mich dermaßen faszinierten und in mir die Lust erweckten, sie als Grundlage für meine eigenen Melodien zu nehmen.« Rikard Nordraak seinerseits erweckte in Grieg den Sinn für das norwegische Volkswesen in seiner ganzen Vielfalt, und beides zusammen ergibt Griegs künstlerisches Fundament.

Während seiner Kopenhagener Jahre fand Grieg jedoch nicht nur seinen Platz als Künstler. In der dänischen Hauptstadt verlobte er sich nämlich auch mit seiner Kusine Nina Hagerup – zur großen Verzweiflung beider Elternpaare. Griegs Vater Alexander sprach in einem Brief von »dieser dummen Verlobung«. Und Ninas Mutter schlug in dieselbe Kerbe. Sie hätte eine bessere Partie für ihre Tochter viel lieber gesehen und bedachte Edvard mit folgender Salve: »Er ist nichts und hat nichts, und er macht eine Musik, der niemand zuhören mag.« Auch Edvards Geschwister scheinen Nina nicht besonders gemocht zu haben, denn als die beiden im Juni 1867 heirateten, schrieb Schwester Elisabeth recht herablassend, sie wolle versuchen, Nina als »Kommandeursergeanten« zu vergessen.

Niemand konnte die beiden jungen Leute jedoch in ihrem Entschluß wanken machen. Die Eltern wurden nicht zur Hochzeit eingeladen, die am 11. Juni stattfand, und einige Tage darauf machten Nina und Edvard sich auf den Weg in die norwegische Hauptstadt, wo sie in die Øvre Voldgate 2 zogen.

*D*urchbruch
mit dem A-Moll-Konzert

Die sieben Jahre in Kristiania – von 1867 bis 1874 – waren erfüllt von Arbeit und Mühsal. Griegs Bemühungen, eine Musikakademie einzurichten und die Qualität des Symphonieorchesters der Hauptstadt zu verbessern zusammen mit dem Kampf um das tägliche Brot drohten, seine Gesundheit zu unterminieren. Aber auch in diesen Jahren gab es Lichtblicke. Am 10. April 1868 bekamen Nina und Edvard Grieg eine Tochter. Dieses Ereignis verbesserte die Beziehung zu den beiden Elternpaaren, und die große Freude über die neugeborene Alexandra war zweifellos die Inspirationsquelle für eines von Griegs meistgespielten und bekanntesten Werken – dem berühmten Klavierkonzert in A-Moll, Op. 16. Grieg komponierte den größten Teil dieses Konzertes im Sommer 1868 in Dänemark. Im Herbst vollendete er seine Komposition, und am 3. April des nächsten Jahres fand die Uraufführung in Kopenhagen statt. Von den Proben

Portrait aus der Zeit der Entstehung des Konzertes in A-Moll.

Franz Liszt in bekannter Positur im Kreise seiner Bewunderer.

hatte man sich Wunderdinge erzählt – große Dinge standen angeblich bevor! Die dänische Königin Louise wohnte der Uraufführung bei, zusammen mit der dänischen musikalischen Elite, angeführt von Gade und Hartmann, ebenso der weltbekannte russische Pianist Anton Rubinstein, der bei diesem Anlaß dem Solisten Edmund Neupert seinen Flügel geliehen hatte. Die Aufnahme war ekstatisch. Solist, Dirigent und Orchester leisteten Großes, und die Darbietung wurde mehrmals durch stehende Ovationen unterbrochen. Grieg mühte sich derweil in Kristiania mit Orchesterproben ab und konnte bei dieser triumphalen Aufführung nicht anwesend sein, aber drei Tage später erhielt er einen überschwenglichen Brief von Edmund Neupert: »Lieber Grieg! Am Samstag erklang ihr göttliches Konzert im großen Saal des Casinos. Ich feierte einen wahrlich großartigen Triumph. Bereits nach der Kadenz im ersten Teil brach das Publikum in einen wahren Sturm aus. Die drei gefährlichen Rezensenten, Gade, Rubinstein und Hartmann, saßen oben in der Loge und applaudierten aus Leibeskräften. Ich soll Sie von Rubinstein grüßen und sagen, daß er wirklich verblüfft über diese geniale Komposition ist; er freut sich darauf, Ihre Bekanntschaft zu machen. Er hat sich sehr warm über mein Klavierspiel geäußert. Ich wurde mindestens zweimal herausgerufen, und das Orchester brachte mir am Ende einen Tusch. Sie hätten Emil und Hansen nach dem Konzert sehen sollen, sie hätten mich aus Freude darüber, daß alles so vorzüglich geklappt hatte, fast gefressen.« So trat da A-Moll-Konzert seinen Siegeszug um die Welt an – und es ist noch immer das meistspielte Klavierkonzert. Nachdem Grieg kurze Zeit später Liszt, der es gleich vom Blatt spielte, das A-Moll-Konzert gezeigt hatte, sprach Liszt in seiner heftigen Begeisterung zu Grieg die fast prophetischen Worte: »Weiter so, das sage ich Ihnen, Sie können es, und – lassen Sie sich nicht abschrecken!«

Schwierige,
aber produktive Jahre

Diese Aufmunterung sollte sich in den harten Jahren in Kristiania als segensreich erweisen. Groß war die Verzweiflung, als Griegs ihre erst dreizehn Monate alte Tochter durch eine Hirnhautentzündung verloren. Im Jahre 1875 verlor Grieg noch dazu beide Eltern innerhalb von drei Wochen. Als ihn dieser harte Schlag traf, mühte er sich gerade mit einem anderen seiner großen Werke ab – der Musik zu Ibsens Peer Gynt. Gleichzeitig mußte er öffentlich und privat Verleumdungen und Behinderungen erleben. 1877 floh er geradezu nach Hardanger, in der Hoffnung, alles Böse verjagen zu können. Nina und er wohnten dort bis 1880. Aus diesen schweren Jahren, 1875–1880, stammen jedoch einige von Griegs tiefstgründigen Werken, u.a. die Klavierballade in G-Moll, Op. 24, und das Streichquartett in G-Moll, Op. 27 – Werke, die Grieg als ringenden Menschen und Künstler zeigen.

In Bergen wurde Grieg in der Saison 1880–81 Dirigent der »Harmonie«. Er fand es entsetzlich, die vielen Proben abhalten zu müssen, und bisweilen wurde seine Geduld bis zum Zerreißpunkt gespannt. Anläßlich eines Konzertes, bei dem auch der Chor mitwirken sollte, wurde in der Stadt ein großer Ball veranstaltet, an dem auch etliche Damen des Chors teilnehmen sollten. Unglücklicherweise sollte der Ball gleichzeitig mit der Generalprobe des Konzertes stattfinden. Durch seine Jahre in Kristiania war Grieg wohl durch Schaden klug geworden und verlangte von den Chordamen die schriftliche Verpflichtung, am Konzert und allen Proben teilzunehmen. Dennoch zogen die Damen den Ball der Generalprobe vor. Grieg war außer sich und untersagte ihnen die Mitwirkung an künftigen Konzerten, was die Presse eifrig kommentierte. David Monrad Johansen erzählt: »Griegs Verhalten den Damen gegenüber war das Hauptgesprächsthema in der Stadt, und es fiel manch hartes Wort über sein Despotentum. Die betroffenen Damen fanden, ihnen sei gewaltiges Unrecht geschehen, obwohl sie doch selber alle Vereinbarungen gebrochen hatten. Und ihre guten Freunde und Freundinnen teilten ihre Ansicht, ebenso wie Vater und Mutter und Onkel und Tante, und natürlich auch die galanten Kavaliere. Aber nicht nur das, auch Rache wurde gefordert. Also erhielt der Dirigent anonyme Briefe – kurz gesagt, der Dirigent war Klatsch und Verurteilung anheim gegeben.« Das Ende vom Lied war jedoch, daß keine der betroffenen Damen beim Konzert mitwirken durfte.

Trotz dieser aufreibenden öffentlichen Streitereien wußten Griegs Stadtgenossen seine Konzerte doch zu schätzen. Grieg feierte mit seinem letzten Konzert dieser Saison in Bergen Triumphe – mit einer Aufführung von Mozarts Requiem. Als er ans Podium trat, begrüßte das Orchester ihn mit Trompetenfanfaren, und der Applaus des Publikums nach der Darbietung wollte schier kein Ende nehmen. Am 29. April 1881 berichtet Grieg Matthison-Hansen: »Nur Propheten gelten nichts in ihrem Vaterland. Andere Sterbliche genießen diese zweifelhafte Ehre. Und deshalb war der Saisonabschluß ein vollständiger Triumph. Ich wurde vom Orchester mit einem Tusch empfangen, erhielt Lorbeerkränze und Blumen, und vom Damenchor, als ich nach Hause kam, eine hübsche Silberkanne. Und deshalb trage ich die Nase nun so hoch, daß niemand es mit mir aushalten kann.«

Aufbruch und Versöhnung

Während der Jahre in Bergen erreichten die Eheprobleme der Griegs ihren Höhepunkt. Schon seit längerer Zeit hatte es Reibereien gegeben, was daran liegen kann, daß Grieg um 1875 nicht sicher war, wie Nina wirklich zu ihm stand. Zu Beginn der 80er Jahre hat Grieg sich möglicherweise auch für eine andere interessiert. Genau wissen wir das zwar nicht, aber einiges weist darauf hin, daß er sich damals zu einer jungen norwegischen Malerin hingezogen fühlte, die in Paris lebte. Im Sommer 1883 fiel sein Entschluß. Er verließ Nina. Er fuhr allerdings nicht gleich nach Paris, sondern besuchte zunächst einen in Deutschland lebenden belgischen Kollegen. Hier setzte er seine Französischstudien fort, mit denen er in Bergen begonnen hatte. Gleichzeitig organisierte er eine Tournee durch Europas musikalische Metropolen.

Die Erkenntnis, daß Grieg allein reisen wollte, war für Nina ein Schock. Aus einem Brief geht hervor, daß Nina ihn hatte begleiten wollen, daß sie es für eine ihrer häufigen Auslandsreisen gehalten hatte. Sie suchte bei den gemeinsamen Freunden Marie und Frants Beyer Zuflucht und wohnte bei ihnen, während das Drama seinen Lauf nahm. Frants Beyer schrieb gleich nach dessen Abreise an Grieg und bat ihn, zur Besinnung zu kommen. Sie korrespondierten weiter, während Grieg in Europa seine Konzerte gab. Es fiel Beyer schwer, Grieg davon zu überzeugen, daß die Rückkehr zu Nina das einzig Richtige für ihn sei. Grieg brauchte Zeit, und erst kurz vor Weihnachten konnte er sich zur Rückkehr entschließen. Eine große und gefährliche Krise in ihrer Beziehung war beigelegt. Obwohl Nina und Edvard Grieg auch schon früher mit Eheproblemen gekämpft hatten, war ein vollständiger Bruch bisher doch immer undenkbar gewesen. Es gibt jedoch Hinweise darauf, daß Grieg nicht zurückkehren wollte, als er Nina im Sommer 1883 verließ.

Erik Werenskiolds Portrait von Grieg, gemalt 1891–92 in Kristiania.

Was Grieg dazu brachte, seinen Entschluß umzustoßen, ist jedoch unbekannt. Aber sicher haben Beyers kluge, vernünftige Worte eine große Rolle gespielt – und noch etwas anderes war von Bedeutung: Grieg erlebte seine Konzerte als Triumphe. Der künstlerische Sonnenschein, den er in Europa erleben durfte, muß auf seine kranke, verletzte Seele wie Balsam gewirkt und ihn dazu gebracht haben, dem Egoismus zu entsagen, wie er sich ausdrückt.

Sein Erfolg begann am 16. Oktober 1883 in Weimar damit, daß kein Geringerer als Liszt im Saal saß. Grieg war selber der Solist im A-Moll-Konzert und dirigierte

auch zwei Stücke für Streichorchester. Er schreibt darüber an Beyer: »…Du hättest gestern Abend Das verwundete Herz und ›Frühling‹ hören sollen! Es war schier wunderbar zu hören, wie sie spielten. Wunderschöne Crescendi, Pianissimi, von denen Du nicht einmal träumst, und ein Fortissimo wie eine Welt aus Klang. Und die Deutschen sind mitgegangen! Neben dem Applaus des Publikums hörte ich im Ochester an den besten Stellen: Bravo, bravo, und aus der Loge zu meiner Linken (ich dirigierte auf der Bühne) hörte ich Liszt grunzen, dieses bekannte Geräusch, das nur zu hören ist, wenn ihm etwas gefällt.« Grieg schreibt einen Tag später an Beyer ein wenig philosophischer über einen der Gründe, aus denen er zu Nina zurückgekehrt ist: »Niemals habe ich stärker empfunden als gestern, daß man Künstler und Mensch nicht voneinander trennen kann. Wird dem Künstler Sonnenschein zuteil, so erwacht das Beste im Menschen, der Drang zum Guten und Wahren. Natürlich ist dieser Drang immer bei jedem strebenden Individuum vorhanden, aber es gibt Momente, wo man sich selber den feierlichen Eid leistet, nach Hohem zu streben und dem Egoismus zu entsagen.« Mitte Januar 1884 waren Nina und Edvard Grieg wieder vereint, wenn auch an einem so prosaischen Ort wie dem Leipziger Hauptbahnhof. Danach fuhren sie mit Frants und Marie Beyer nach Italien.

Heimkehr nach Troldhaugen

Nach dem Aufenthalt wollte Grieg nach Hause – in doppelter Hinsicht. Erstens wollte er nach Hause nach Norwegen, zweitens wollte er ein eigenes Heim – danach sehnte er sich schon seit vielen Jahren. In einem Brief an Max Abraham, dem Direktor des Petersverlages, schreibt Grieg am 14. März 1885: »Im Moment weiß ich wirklich nicht, ob ich Musiker oder Baumeister bin. An jedem einzelnen Tag fahre ich mit der Bahn zu unserem Haus. Alle meine Ideen werden dort verbraucht, Mengen von ungeborenen Werken werden vom Erboden verschluckt. Wenn Sie uns irgendwann einmal besuchen, brauchen Sie nur zu graben, dann werden norwegische Chor-, Orchester- und Klavierstücke aus dem Erboden strömen! Daß diese Werke aussehen werden wie Erbsen, Kartoffeln und Rettiche braucht uns nicht zu verwirren. Darin steckt nämlich wirklich Musik.« Über den Namen des neuen Hauses kam es zu einem Disput. Beyer schlug Klub vor.

Grieg lehnte sofort ab: »Wenn das Haus Klub heißen soll, will ich nie mehr hin, egal, was das auch bedueten mag. Und wenn Du es so nennst, dann will ich Dich nie mehr wieder sehen. Pfui Teufel!« Grieg hätte Bergkuppe schön gefunden. Aber Nina trug dann mit ihrem Vorschlag Troldhaugen (Trollhügel) den Sieg davon.

Im April 1885 zogen sie in ihr neues Heim ein und entdeckten zu ihrem Entsetzen, daß es eine gewaltige Umstellung war. Daß es ganz neu und ungewohnt in jeder Beziehung war, für das eigene Haus die Verantwortung zu tragen, nachdem sie jahrelang aus dem Koffer gelebt hatten, berichtet Nina am 18. November 1887 in einem Brief an eine Freundin: »Wir haben beide keine richtige Veranlagung zu einer großartigen Häuslichkeit, aber wir haben uns doch hineinstürzen müssen ... das erste Jahr in Troldhaugen war eine Qual für mich. Alles aus der Stadt holen zu müssen, immer darauf zu achten, daß alles vorhanden war, immer genügend Lebensmittel für zufällige Gäste im Haus zu haben ... ich versichere Dir, ich stand oft am Rande der Verzweiflung und machte meiner Umgebung mit meiner Schwerfälligkeit und meiner Sehnsucht nach anderen Dingen als ausgerechnet den praktischen sicher zu schaffen.«

Troldhaugen.

Troldhaugen sollte zweiundzwanzig Jahre lang ihr Zuhause bleiben – der Ort, an den sie von ihren Auslandsreisen immer wieder zurückkehrten. Und von nun an sollten die siegreichen Konzerttourneen Griegs Leben endgültig prägen.

*E*rfolg daheim und überall

Wenn wir einige Jahre als Griegs wirklich gute und frohe Jahre bezeichnen sollen, dann muß es sich dabei um die fünf Jahre zwischen 1885 und 1890 handeln. In dieser Zeit kann er seinen Ruhm beim musikalischen Publikum in aller Welt festigen. Durch den Weltverlag Peters in Leipzig, der fast alle seine Kompositionen in Riesenauflagen herausbrachte, und fünf Jahre mit legendären Konzerten, konnte Grieg das Konzertpublikum in den meisten europäischen Städten in Begeisterung versetzen.

Den Anfang machten im Herbst 1885 vier umjubelte Konzerte in Kristiania. Von dort führte die Reise nach Kopenhagen, wo Grieg am 10. Dezember zweimal *Den Bergtekne* dirigieren mußte, sein Freund Horneman dirigierte eine seiner Ouvertüren, und Frau Stern uns Dresden spielte Schumanns Konzert in A-Moll. »Es war witzig,« schreibt Grieg, «mich nach dem Dirigieren in die Loge zu setzen und zwischen Svendsen und Kielland den Rest zu genießen. Du kannst mir glauben, wir haben Norwegen gründlich repräsentiert und uns gegenseitig genossen.«

Im Januar 1886 wurde im Kopenhagener Dagmartheater *Peer Gynt* aufgeführt. Grieg hatte beschlossen, diesmal nicht nur an der Premiere teilzunehmen – wegen des Todes seiner Eltern hatte er der Uraufführung in Kristiania zehn Jahre zuvor fernbleiben müssen – er wollte diesmal auch bei den Proben seinen Einfluß geltend machen. Über die Arbeit an der Peer Gynt-Inszenierung schreibt Grieg am 22. September an Beyer: »Heute nachmittag hatte ich die erste Probe mit den Gesangsstimmen aus ›Peer Gynt‹. Als ich die Treppen des Dagmartheaters hochging, hörte ich die Sennerinnen wie die Wilden krähen, natürlich in restlos falschem Tempo, genau einen Takt zu langsam, und deshalb bin ich froh, daß ich hier bin. Aber die Stimmen sind gut, die Mädchen scheinen lebhaft zu sein, und deshalb lasse ich auf der Bühne, die jetzt über viel bessere Instrumente verfügt als früher, nicht locker. Dann habe ich mit Frau Oda P. Solveigs Lied geprobt, aber da Solveig guter Hoffnung ist, nimmt die Illusion doch ziemlich Schaden. Aber sie macht es recht gut und zeigt musikalisches Temperament. Dann kamen Dieb und Hehler, die ihre Sache so wahnwitzig machten, daß ich ihnen befahl, zu schweigen und mir zuzuhören. Ich trug ihnen das Stück – unbegreiflicherweise – so meisterhaft vor, daß die Zuhörer in unartikuliertes Beifallsgeheul ausbrachen.«

Das Beifallsgeheul war bei der Premiere am 15. Januar durchaus nicht leiser – es war ein vollkommener Erfolg,

nicht zuletzt für Griegs Musik, und das Stück wurde über lange Zeit vor vollem Haus gegeben.

Auch am 30. Januar erlebte Grieg einen Erfolg, als er, mit Johan Svendsen als Dirigent, im A-Moll-Konzert als Solist auftrat. Am 8. Februar erzählt er Beyer über »dieses feine philharmonische Konzert. Ja, fein, das ist das richtige Wort, denn Svendsen erschien mit Ordensband, und die Königin wohnte der Generalprobe, die gesamte königliche Familie dem Konzert bei. Alles ging gut und war ein Riesenerfolg. Du kannst mir glauben, daß Åses Tod sich vor diesem enormen Streichorchester phantastisch anhörte. Und es war überhaupt nicht schlimm, mit Svendsen als Dirigent zu spielen. Obwohl es nicht gerade seine starke Seite ist, Klavierkonzerte zu dirigieren.«

Den Sommer 1886 verbrachte Grieg zu Hause in Troldhaugen, wo er u.a. an seiner dritten Violinsonate arbeitete, der größten und dramatischsten seiner drei Sonaten. Sie wurde im folgenden Jahr in Leipzig vom Violinisten Adolph Brodsky uraufgeführt, Grieg selber saß am Klavier. Während der Proben kam es zwischen Grieg und Brodsky, der den Flügel schließen wollte, zu einem kleinen Gefecht. »Ich gab nicht nach,« erzählt Grieg. «Öffnete ihn und versprach, mich zu mäßigen. Als er noch immer nicht zufrieden war, sagte ich: ›Das ist ein norwegisches Versprechen!‹ Und nun glaubte er mir. Und ich kann Dir sagen, er hat vielleicht gespielt! Nach jedem Satz folgte anhaltender Applaus, nach dem Finale wurden wir zweimal herausgerufen.»

Nina und Edvard vor Troldhaugen, vermutlich 1885.

Die Weihnachts- und Neujahrsfeiern in diesem Jahr wurden zu einem wahren Wirbel aus Geselligkeit und Musik. Der Heilige Abend wurde zusammen mit Christian Sinding, Johan Halvorsen und dem englischen Komponisten Frederick Delius verbracht. Grieg erzählt: »Delius schwärmt für Norwegen, verbringt vierzehn Tage auf der Hardangervidda und überhaupt. Nach dem Essen waren wir ausnahmslos allesamt mehr oder weniger beschwipst, aber das Programm mußte eingehalten werden, und es gab Musik, Musik und abermals Musik. Was für ein Heiliger Abend! Ja, wenn Du dabei gewesen wärst, dann hättest Du gesagt, ein schönerer – interessanterer – sei nicht denkbar! Erst spielte Halvorsen allerlei Volkstänze, dann spielten Sinding und Halvorsen eine Suite von Sinding im alten Stil... Dann spielte ich mit Halvorsen meine 2. Violinsonate, dann sang Nina Lieder von Sinding und mir, dann spielte Mr. Delius ein Pianostück... und dann wieder Sinding und Halvorsen eine Suite in altem Stil von F. Ries, worauf Sindings Suite wiederholt wurde. Inzwischen war es schon nach 1. Aber nun fing Nina wieder an, und nun kamen Vinjelieder, Lieder von Elling und 3 von den neuen von Frantz Beyer... und Sinding sagt: ›Ja, du meine Güte, da muß ich doch wirklich Bergen und Frants Beyer und Jotunheimen und alles sehen!‹ Um ½ 2 trennten wir uns. Heute großes Elend, aber never mind...« Bei Brodsky ging es Sylvester genauso weiter – wenn auch mit geänderter Teilnehmerliste, – anstelle der beiden Norweger und des englischen Komponisten finden wir keine

Geringeren als Johannes Brahms und Peter Tschaikowski sowie den Violinisten Joseph Joachim. Frau Brodsky hat folgendes über dieses Fest erzählt: »Wir gingen zu Tisch. Nina Grieg sollte zwischen Brahms und Tschaikowski sitzen; aber kaum hatten sie Platz genommen, als sie auch schon wieder aufsprang und rief: ›Zwischen denen kann ich nicht sitzen. Das macht mich so nervös.‹ Grieg erhob sich und sagte: ›Ich traue mich.‹ Dann tauschten sie die Plätze. Die drei Komponisten saßen in der besten Laune da. Ich sehe noch vor mir, wie Brahms eine Schüssel Erdbeerkompott nahm und sagte, die wolle er für sich behalten und niemandem etwas davon abgeben. Es wirkte eher wie ein Kinderfest denn wie eine Versammlung großer Komponisten.« Nina dagegen fühlte sich aus irgendeinem Grund in Brahms' Gesellschaft nicht so recht wohl, begeisterte sich aber für Joachim und Tschaikowski. Am 4. Januar 1884 schrieb sie an eine Freundin: »Wir waren mit Brahms und Joachim zusammen. Brahms hat mein Ideal gedämpft, na, das macht ja eigentlich nichts. Das Geschaffene bleibt ja ebenso schön, auch wenn man den Schöpfer nicht verehrt. Für Joachim jedoch schwärme ich, für sein hinreißendes Spiel und für seine sympathische Persönlichkeit. Kennst Du etwas von dem Russen Tschaikowski? Er hat heute vormittag im Gewandhaus seine Suite dirigiert, sie war so frisch und genial. Er ist eine schmucke, edle Erscheinung, bescheiden und liebenswürdig.«

Das Ehepaar Grieg
erobert London

Nach ihrem Aufenthalt in Leipzig reisten Griegs weiter nach London. Grieg traf am 23. April zusammen mit Nina und mit Max Abraham in der Weltstadt ein. Er eroberte die englische Hauptstadt so total, daß er es selber nicht ganz begreifen konnte. Er mußte einfach zu der Erklärung seine Zuflucht nehmen, daß die Begeisterung des Publikums eigentlich dessen Norwegen-Begeisterung zuzuschreiben sei. Am 4. Mai, dem Tag nach dem ersten Konzert, schreibt er an Beyer: »Es fällt mir schwer, über gestern abend zu erzählen. Du kannst es Dir einfach nicht vorstellen. Als ich *Frühling* dirigierte, und es klang, als ob mich die ganze Natur zu Hause umarmen wollte, ja, da war ich stolz und froh darüber, Norweger zu sein. Ich glaube wirklich, daß die englische Sympathie für meine Kunst ihrer Sympathie für Norwegen entspringt, denn anders kann ich mir die gestrigen Ovationen nicht erklären... Als ich mich in der Türöffnung zum Orchester zeigte, brachte in der riesigen und auf den letzten Platz besetzten Halle (St. James Hall) so intensiv und endlos die Begeisterung los – ich glaube, über drei Minuten – daß ich nicht wußte, was ich machen sollte. Ich verbeugte mich nach allen Seiten, aber es wollte kein Ende nehmen. Ist das nicht seltsam? In einem fremden Land. Ja, die Kunst ist wirklich ein Rätsel!... Aber dieser Empfang war überwältigend, denn er war so unerwartet. Daß ich bekannt war, wußte ich ja, aber nicht, daß meine Kunst hier so geschätzt wird. Ich spielte einen Steinwayflügel, der herrlich war, und was mich betrifft, so lief das Konzert recht gut. Meine Leistung befriedigt mich zwar bei weitem nicht, war aber dennoch passabel. Und dann spielte ich mich hoch, das war das Beste. Der Dirigent C. (Frederick Cowens) [er schrieb die sogenannte Skandinavische Symphonie] war ein Schweinepriester, und das Orchester ließ deshalb etliches zu wünschen übrig. Aber Du kannst mir glauben, daß ich alles wieder gut gemacht habe, als ich selber das Streichorchester dirigierte. Und was für ein Orchester! An die 60 Streicher, und von aller, allererster Qualität! In Deutschland habe ich niemals dergleichen gehört! Nein, daß Du das *Verwundete Herz* und *Frühling* nicht hören konntest! Wie sehr habe ich an Dich gedacht! Es war zum Weinen schön! Ich hatte alles bis ins Detail einstudiert, und alle wetteiferten, um ihr Bestes zu geben, so daß die Wirkung einfach hinreißend war. Es gab ff und pp, Akzente und Flucht, es war wie Harmoniegesang in ätherischen Höhen, nach denen, wie Du weißt, wir Musikmenschen gerne streben, die wir aber nur selten erreichen.» Auch die Kritiken waren überschwenglich – im Daily Telegraph lesen wir u.a: »Der norwegische Meister ist in jeder Hinsicht Norweger. Er hat den Geist geerbt, der sich 1814 die Unabhängigkeit seines Landes erkämpfte, sich eine der liberalsten Verfassungen Europas sicherte, und das Fundament zu einem nahezu einzigartigen Born legte, nicht nur für die Wirtschaft, sondern auch für Kunst und Literatur. Der nationale Strom, der solange von einer fremden Macht aufgestaut worden war, scheint sich in dieser Epoche plötzlich losgerissen zu haben und voll und frei in jeden einzelnen kleinen Bach zu strömen.« Diese Art von Reklame für Norwegen freute Grieg natürlich in seiner enormen Vaterlandsliebe, aber sicher war er auch mit der Fortsetzung nicht unzufrieden: «Wir haben nicht das Recht zu behaupten, Grieg hätte sich keinen Namen gemacht, wenn er sich aus Ehrsucht der klassischen Musik gewidmet hätte, aber wir wagen die Behauptung, daß er dann nicht der beliebte und berühmte Mann wäre, der er heute ist. In der norwegischen Klangprägung und in den schönen Volksmelodien, in jenen ›dunklen, treuen und schmelzenden‹ Tönen aus dem Norden, hat Grieg nicht nur ein unschätzbares Erbe, eine Wiegengabe, empfangen, sondern auch ein mächtiges Mittel, um sich im Ausland Ehre und Zuneigung zu sichern. Er hat diese Gaben mit Geschmack und Liebe zu verwenden gewußt, und kein Musiker ist weniger Stubenkomponist als er.»

P. S. Krøyers berühmtes Bild von Nina und Edvard Grieg.

Zwei Wochen später, am 16. Mai, fand abermals ein Konzert in London statt, diesmal spielte Grieg eigene Klavierstücke, Nina sang Romanzen, und die Violinistin Wilhelmina Neruda spielte die Violinsonate in F-Dur, Op. 8 und die beiden letzten Sätze der Sonate in C-Moll, Op. 45. Nina schrieb am 20. Mai begeistert an eine Freundin: »Ach, wenn Du doch hier in London gewesen wärst, ich glaube, Du hättest Dich so gefreut, wo Du nun einmal diese alte, unverrückbare Liebe zu Edvard und mir hegst. Du kannst dir die Huldigungen, die uns entgegengebracht worden sind, einfach nicht vorstellen. Wir haben so etwas noch nie erlebt. Zu mir waren sie ungeheuer liebenswürdig, als ich am Mittwoch in der St. James's Hall sechs Lieder von Edvard gesungen habe. Immer wieder wurde ich herausgerufen, und ich mußte noch einmal *Gedanke meiner Gedanken*, *Waldwanderung* und *Guten Morgen* singen. Seltsam – aber es liegt natürlich daran, daß sie diese Lieder kennen und so sehr lieben.«

An dieser Stelle sollte wohl erwähnt werden, daß zwar Grieg und seine Musik immer im Mittelpunkt standen, aber daß wir doch nicht vergessen dürfen, daß auch Nina mit ihrer Gesangkunst zum Ruhm beitrug. Sie war zweifellos eine große Künstlerin. Sie wurde sogar mit Jenny Lind, der »schwedischen Nachtigall« verglichen, einer der besten und berühmtesten Sängerinnen jener Zeit, die aufgrund ihrer Ausdruckskraft weltbekannt war. Nach einem Konzert in Paris im Jahre 1890 finden wir in der englischen Zeitung Truth folgendes über Nina: »Frau Grieg hat ein Lächeln und einen Blick, die um freundliche Aufnahme zu bitten scheinen – und wenn sie die norwegischen Lieder singt, ist sie unübertroffen. Hat man wohl jemals eine Primadonna (mit Ausnahme von Jenny Lind) eine schlichte kleine Romanze oder ein Volkslied auf so natürliche und anspruchslose Weise singen hören? Die Bühnengewandtheit und das stereotype Lächeln der sonstigen Sängerinnen ruiniert oft diese Art von Vokalmusik. Ich muß zugeben, daß ich leicht überrascht

Nina in London, 1888.

war, als Frau Grieg die Bühne betrat, begleitet von Grieg, der sie selber begleitete. Stellen Sie sich eine Konzertsängerin vor, die alle üblichen, konventionellen Zeichen der ›Künstlerin von Profession‹ beiseitegelegt hat, ohne Blumenstrauß, ohne Schminke, die nicht auf mögliche Falten achtet, mit kurzgeschnittenen Haaren, in einem hochgeschlossenen braunen Seidenkleid, allein aufgelockert durch ein norwegisches Schmuckstück in Silberfiligran, die die Versammlung mit einem tiefen, ehrerbietigen Knicks begrüßt. Ein Blick zurück auf ihren Mann am Flügel, und sie fängt an. Nach einigen Strophen traten mir die Tränen in die Augen, denn – ›ach ja, so soll es sein‹, das fühlt man sofort, sie dringt in unsere Herzen und unsere Seelen ein. Ihr Blick wird ausdrucksstark, ihre Lachgrübchen weisen auf muntere Pikanterie hin, und ihre Sanftheit, ihre Reinheit und ihr Pathos, die sie in ihren Gesang zu legen versteht, verdienen jegliches Lob. Sie geht vollständig in ihrem Gesang auf und kümmert sich nicht im Geringsten um ›Nina Grieg‹, wie diese aussieht, oder was das Publikum vielleicht über ihre kleine Person denkt. Jeder Nummer wird enthusiastischer Applaus zuteil, und mehrere Lieder mußten da capo gesungen werden.»

*D*as Grieg-Fieber
breitet sich aus

Edvard und Nina zusammen mit dem Pianisten Oscar Meyer und Max Abraham, dem Leiter des Leipziger Peters-Verlags. Im Jahre 1889 unterschrieb Edvard ein Generalvertrag mit diesem Verlag.

Nach den Londoner Konzerten ging es heimwärts nach Norwegen. Unterwegs legte Grieg in Kopenhagen eine Pause ein, um beim ersten Nordischen Musikfest mitzuwirken, das vom 3. bis zum 10. Juni stattfand. Bei der Eröffnung dirigierte er das Konzert in A-Moll mit Erika Lie Nissen als Solistin. »Bei ihrem Erscheinen wurden sie herzlich gegrüßt, alle Musikkenner wußten schließlich,« so die Zeitung *Politiken*, »daß in diesen beiden schwächlich aussehenden und durch ihre Äußeres durchaus nicht imponierenden Gestalten das heilige Feuer der Kunst mit selten klarer und heller Flamme brennt. Und doch war dieser Empfang nichts gegen den Jubel, der losbrach, als Griegs wunderbares Klavierkonzert in A-Moll mit Frau Nissen am Instrument und dem Komponisten am Dirigentenpult beendet wurde. Es war unbedingt der Höhepunkt des Konzertes.«

Ende Juni 1888 waren Edvard und Nina wieder in

Troldhaugen, doch schon im August ging die Reise wieder nach England, und danach stand Berlin auf dem Programm, wo Grieg am 2. Januar 1889 die Berliner Philharmoniker dirigierte. Über das erste Konzert schrieb das Berliner Tageblatt: »In der Konzertouvertüre *Herbst* ist manches verwischter als formal gesehen notwendig; außerdem ist sie zu lang. Aber viele Momente erwecken die Aufmerksamkeit des Kenners und zeigen, daß ihnen bedeutender Geist innewohnt... Aber als noch bedeutender als diese Ouvertüre erwies sich die Orchestersuite, die Musik zu Ibsens dramatischem Gedicht *Peer Gynt*. In diesen Stücken befinden sich Dichtung und Form auf demselben Niveau ... *Åses Tod* ist in jeder Hinsicht eine bedeutende Komposition. Das Thema ist äußerst ansprechend und stimmungsvoll, die Harmonisierung ungewöhnlich originell und überdies wohlklingend. Die Wirkung war ergreifend und überwältigend. Das dritte Stück, *Anitras Tanz*, mußte da capo gespielt werden. Das Finale, *In der Halle des Bergkönigs*, wo die Trolle Peer Gynt hänseln, ist ein prächtiges Phantasiestück.« Die Nationalzeitung schrieb, Griegs Werk verbinde die Anmut des Klangmaterials mit der fließenden Form. Die Zeitung betont vor allem die »harmonischen Feinheiten, die noch der schlichtesten Melodie ihre eigene Prägung geben«. Alles entwickle sich ungezwungen, was in Wirklichkeit die Folge intensiven Studiums sei, und, so die Zeitung, »wie alle unsere höhere Instrumentalmusik beruht auch Griegs Schaffen auf Beethoven, den er studiert und verstanden, und von dem er die Kunst der Steigerung und der Kontrastierung und die feinen Wirkungen der Klangnuancierung gelernt hat, jedoch kommt er ihm doch nie zu nahe. Die Einzelheiten sind sein Eigentum, während er in der Kunst der Form ehrfurchtsvoll Beethoven folgt.«

Von Leipzig aus führte die Reise wieder nach England. Innerhalb von fünf Wochen gab Grieg acht Konzerte, am 23. Februar zusammen mit Nina und dem Cellisten Alfredo Piatti. Am 28. Februar dirigierte er das berühmte Hallé-Orchester, dessen Gründer, Charles Hallé, im A-Moll-Konzert als Solist auftrat. Am. 9., 20. und 31. März gab Grieg in London Kammermusikkonzerte – am 9. spielte er mit keinem Geringeren als Joseph Joachim die Violinsonate in G-Dur.

Beim Orchesterkonzert am 14. März geriet das Publikum vor Begeisterung außer sich, als Grieg, in Anwesenheit von Prinz und Prinzessin von Wales, zum ersten Mal in London die erste *Peer Gynt-Suite* mit der Royal Philharmonic Society aufführte und *In der Halle des Bergkönigs* wiederholen mußte. Zwei Wochen später dirigierte er dasselbe Orchester mit Agatha Backer Grøndahl als Solisten beim Konzert in A-Moll. Grieg trat bei dieser Gelegenheit gratis auf, da er alles tun wollte, was er »für meine vortreffliche Landsfrau« nur tun konnte.

Nachdem Edvard und Nina das Londoner Grieg-Fieber erlebt hatten – die Zeitungen schrieben wirklich, ein Grieg-Fieber sei in der Stadt ausgebrochen – kehrten sie nach Norwegen zurück und trafen Mitte Mai in Troldhaugen ein. Aber schon ein halbes Jahr später ging es wieder los – Brüssel und Paris standen auf dem Programm. In Brüssel fanden im November und Dezember Konzerte statt, mit dem hervorragenden belgischen Pianisten Arthur de Graef als Solist im A-Moll-Konzert. Über eines dieser Konzerte berichtet Grieg am 14. November humorvoll an Beyer: »Das Orchester saß auf der Bühne, die zu einem prächtigen Salon geworden war – elektrisches Licht, das herrliche Theater war restlos gefüllt, alles war ausverkauft, und da wir in diesem Lokal keine Proben abhalten konnten, war ich ziemlich nervös, als ich vortreten mußte. Ich wurde herzlich empfangen; aber als ich dirigieren wollte, gab es keinen Taktstock. Die Orchesterdiener sind überall die gleichen Idioten – und ich mußte nach kurzem Warten das Dirigentenpult wieder verlassen. Dann kam der Esel endlich mit einem Taktstock, der ungefähr so lang war wie ich selber, zum Glück jedoch dünn wie Schilfrohr. Ich tat dasselbe, was Du getan hättest, ich brach – unter wütenden Blicken und energischen Protesten des Dieners – ein Stück ab und warf den Rest in die Ecke, und dann trat ich wieder ans Pult und ließ die Herbstouvertüre spielen. Diese Episode wirst Du in keiner Kritik finden, deshalb erzähle ich sie Dir hier privat.«

Auf Brüssel folgte Paris mit Konzerten Ende Dezember und Anfang Januar. Die Pariser Zeitungen waren überschwenglich in ihren Rezensionen. In *La Liberté* konnte man folgendes lesen: »Grieg ist die lebendige, vibrierende Inkarnation Norwegens. Und ich weiß nicht, wie es zusammenhängt, doch wenn ich seine Musik höre, dann sehe ich dieses Land vor mir, das ich nie besucht habe, das ich aber doch in seinen naiv-wehmütigen Melodien zu ›erkennen‹ glaube.« *Le Matin* schreibt: »Edvard Griegs Musik erweckte im ersten Moment das Mißtrauen der konservativen Welt. Aber nach und nach haben seine frische Inspiration und die melancholische Poesie seiner Werke die alten Herzen eins nach dem anderen erobert, und nun werden seine Werke in allen musikalischen Lagern gekannt und geliebt... Der Abend gestern im Salle Pleyel war eine einzige lange Huldigung an diesen nordischen Komponisten. Aber auch seine Gattin konnte ein Großteil der Siegespalmen heimtragen.«

Grieg verbrachte insgesamt sechs Wochen in Paris. Alle Konzerte waren – das war inzwischen die Regel – große Erfolge. Aber Grieg litt jetzt unter ernsthaftem Heimweh. Am Zweiten Weihnachtstag schreibt er, nachdem er eines der Konzerte geschildert hat, an Beyer: »Aber ich kann von etwas noch Besserem träumen. Ich träume von Ruhe und Frieden zum Komponieren, soviel wie möglich zu Hause... diesmal bekommst Du einen schlechten Brief, lieber Freund, aber ich kann keine Stimmung zwei Minuten lang beibehalten. Alle Ruhe ist davongeflogen. Ich werde sie erst unter anderen Breitengraden wiederfinden.« Nach Paris sollte Prag an die Reihe kommen. Aber daraus wurde nichts – dagegen dirigierte Grieg am 1. Februar die Hofkapelle in Stuttgart und fuhr danach nach Leipzig, wo er im Gewandhaus *Olav Trygvason* aufführte.

Nach dem überschwenglichen Lob aller Orten beschreibt Nina am 15. Märtz 1890 das Konzert im Gewandhaus so: »Für Edvard war es, künstlerisch gesehen, ein brillianter Winter. Sein Erfolg in Belgien und Frankreich war einfach großartig. Ein solches Verständnis, vor allem vielleicht für die kleineren Dinge, hätte ich niemals für möglich gehalten. Allerdings war das Publikum auch bei den Châtelet-Konzerten in Hochstimmung und bereitete ihm stürmische Ovationen, aber es hat mich so gefreut, daß sie soviel Sinn für sein Klavierspiel hatten, das ich selber ja auch sehr schätze. Seine Klavierstücke und Lieder werden nach und nach für alle Musizierenden zum täglichen Brot. Gut, daß wir nicht hören müssen, wie sie oft behandelt werden. Du kannst also vestehen, daß nach den Huldigungen durch die heißblütigen Belgier und Franzosen das Gewandhaus wie ein beruhigendes Bad wirken mußte.«

Krankheitsjahre

Im April waren Griegs wieder in Troldhaugen. Nach den vielen Reisen der letzten Jahre bedeutete die Heimkehr für sie eine große Erleichterung. Sie waren arg erschöpft, und Grieg schien nun erst einmal zu Hause bleiben zu wollen. Nina schreibt am 24. April in einem Brief: »Und jetzt sitzen wir also nach beendeter Winterreise wieder in Troldhaugen, und Ruhe und Friede hier erscheinen uns nach dem hektischen Leben auf Reisen als großer Segen. Edvard hat sich in der letzten Zeit sehr danach gesehnt, zu seiner Arbeit zurückkehren zu dürfen, er hat doch oft das Gefühl, daß das Konzertleben ihm nicht liegt. Er wird so schlecht mit allen Äußerlichkeiten fertig, und die Gemütsbewegung, die das öffentliche Auftreten mit sich bringt, ist physisch gesehen direkt schädlich für ihn. Ich bin so froh und dankbar dafür, daß wir jetzt zu Hause sind, und daß alles vorbei ist.«

Aber noch war nicht alles vorbei – sie sollten in den

folgenden Jahren noch weitere umjubelte Konzerttourneen unternehmen. Das alles hatte jedoch seinen Preis, die Reisen zehrten an Griegs Kräften. Wir düften nicht vergessen, daß er nur noch einen funktionierenden Lungenflügel hatte – der andere war schon in seiner Studienzeit in Leipzig von Tuberkulose befallen worden, was den Rest seines Lebens geprägt hatte – und er zeitweise unter Atembeschwerden litt. Dazu kamen wachsende Magenprobleme – ein Magenkatarrh (*Gastritis*) – der bisweilen unerträglich quälend war, dazu Gicht und Asthma. Es besteht Grund zu der Annahme, daß Griegs hektische Tourneetätigkeit in den Jahren 1885–1890 ihm gesundheitsmäßig den Rest gab. Wenn diese Jahre für Grieg gute Jahre waren, so waren die Jahre von 1890–1895 von Krankheit dermaßen verdüstert, daß es ihn in abgrundtiefe Verzweiflung stürzte, so tief, daß er einmal sogar mit dem Gedanken an Selbstmord spielte.

Trotz dieser Schwächung – im Oktober 1890 mußte Grieg doch nach Kristiania reisen, wo die Musik zu *Sigurd Jorsalfar* uraufgeführt wurde. Langsam hob sich seine Laune, und am 24. Oktober, kurz vor dem Konzert, liefert er Beyer folgenden Stimmungsbericht: »Endlich ein ruhiger Abend allein im Hotel. Ich habe Orchesterstimmen korrigiert, bin wunderbar hochgestimmt, nachdem ich zum ersten Mal seit einem Dreivierteljahr eine halbe Flasche Bier trinken durfte... Könnte ich zu Hause nur so gesund und munter sein wie hier! Ach, dieses Troldhaugen, das beherbergt wirklich gute und böse Trolle!« Nachdem *Sigurd Jorsalfar* sicher in den Hafen gebracht worden war,

Bjørnstjerne Bjørnson und Edvard Grieg 1903 vor Troldhaugen.

fuhr Grieg zusammen mit Nina nach Kopenhagen, wo er Konzerte gab. Danach führte die Reise weiter über Leipzig nach Berlin, wo zusammen mit guten Freunden Weihnachten gefeiert werden sollte.

Grieg kam jedoch nicht mehr richtig zu Kräften. Und nun wurde auch Nina von Krankheit heimgesucht. In einem Brief aus Leipzig vom 19. Dezember 1892 macht Nina sich ihre Gedanken über den Stand der Dinge, Gedanken, die andeuten, daß sie und Edvard sehr unsicher in die Zukunft geblickt haben – schließlich hatte Grieg sich durch das letzte Jahr mehr oder weniger dahingeschleppt. »Als wir uns in Kristiania getrennt haben, hast Du Dich so gefreut, das weiß ich noch, weil ich Dir einen Brief schuldete und nicht umgekehrt. Du hast jedoch aus vielen Gründen so unangemessen lange auf diesen Brief warten müssen, und leider spielt Krankheit bei diesen

Gründen die wichtigste Rolle. Es ist ein ziemlich trauriger Gedanke, daß alles vorbei sein soll, wenn man das Alter zwischen 40 und 50 erreicht hat. Und doch können ja noch etliche Jahre vor einem liegen. Und es wäre grausam, durch diese Jahre hindurchhumpeln zu müssen. Bei mir ist es vielleicht egal, ich bin ein ›schnödes‹ Geschöpf, das nur für sich selber wichtig ist, aber es tut mir so schrecklich weh, daß Edvard nicht wieder zu Kräften kommt. Er könnte im Leben doch noch so viel erreichen. So, wie er im letzten Jahr war und immer noch ist, scheint all seine Schaffens- und Arbeitskraft gebrochen zu sein, wir können uns von morgens bis abends nur noch um sein körperliches Befinden kümmern und sind entsprechend traurig und niedergeschlagen. Ja, liebes Hanchen, das ist kaum lustig, aber es ist nun einmal der augenblickliche Stand der Dinge. Aber ich habe noch nicht die Hoffnung auf lichtere Zeiten aufgegeben, das muß in der Hand eines Höheren stehen.« Im selben Brief erzählt Nina auch, daß sie Probleme mit Nieren und Hals hatte. Griegs scheint es während der Weihnachtsfeiertage etwas besser gegangen zu sein, im neuen Jahr aber verschlechterte die Lage sich wieder. Unmittelbar, ehe Grieg die zweite *Peer Gynt-Suite* mit Alexander Siloti als Solist dirigieren sollte, schrieb er an Beyer: »Dein Freund ist irgendwie schon in Ordnung, das garantiere ich mit dem Restchen Herzblut, das ein so blutarmer Mensch wie ich überhaupt noch besitzt, aber viel ist nicht mehr an ihm, das ihn berechtigen würde, noch länger mitzumachen. Du siehst, heute hat der Pessimist das

Wort. Mit anderen Worten, der Magen spielt verrückt, total verrückt... und heute liegt zum Beispiel mein Mut unter 0.« Ende Februar wurde Nina wieder krank. Am 28. schrieb Grieg an Beyer: »Auch die arme Nina war in letzter Zeit krank. Sie hatte lange über Gicht in einem Arm geklagt, aber plötzlich nahm das Ganze unangenehme Ausmaße an. Mehrere Nächte lang weinte sie vor Schmerz, statt zu schlafen. Dann erhielt sie eine Morphiuminjektion, und Gott sein Dank: Seit vorgestern ist die Krise überstanden und eine Besserung eingetreten, aber es geht sehr langsam.« Aller Wahrscheinlichkeit nach war das der Vorbote einer sehr viel schlimmeren Krankheit. Sie konnten jedoch nur Ruhe bewahren, sonst nichts. Deshalb versuchten sie es zuerst mit einem vierzehntägigen Kuraufenthalt in Südtirol, aber der brachte nicht viel, danach fuhren sie nach Grefsen Bad in Norwegen. »Jetzt müssen wir reparieren, vom Allernotwendigsten das reparieren, was sich reparieren läßt,« schreibt Grieg am 5. Juni aus Grefen an Beyer, »wie lange wir hier bleiben, steht noch nicht fest.« Sie blieben fast einen Monat, und Griegs 50. Geburtstag am 15. Juni mußte in aller Stille gefeiert werden.

Der schwere Winter

Nach ihrem Aufenthalt in Grefsen fuhren die beiden zurück nach Troldhaugen. Zum ersten Mal seit zwei Jahren fühlte Edvard sich besser – soviel besser, daß er sich wieder für Konzerte engagieren ließ. Er verpflichtete sich für mehrere Konzerte im Sommerhalbjahr: Kopenhagen, Gewandhaus in Leipzig, München, Genf, dann Paris – Erfolge überall. Von Paris fuhr er nach Cambridge, wo ihm die Ehrendoktorwürde verliehen wurde. Nachdem er in London am 24. Mai ein Konzert gegeben hatte, kehrte er über Kristiania und einen kürzeren Aufenthalt in Grefsen Bad Ende Juni nach Troldhaugen zurück. Im Oktober 1894 gab Grieg vier Konzerte in Bergen und feierte in seiner Geburtsstadt abermals Triumphe. Aber Bergen war kein Aufenthaltsort für ihn, und bald darauf schüttelten Nina und er Bergens Staub von ihren Füßen und fuhren nach Kopenhagen. Hier versuchte er, ein wenig zu komponieren, aber das klappte nicht sehr gut, denn die Krankheit schlug wieder mit voller Kraft zu, vor allem »der verdammte Magen«. Es war die Strafe dafür, daß er zu viele Konzerte gegeben und zu hart gearbeitet hatte. Die Magenprobleme hatten zwar auch während der guten Perioden des letzten Jahren bisweilen stören können, aber sie waren nicht so anhaltend und hartnäckig wie früher aufgetreten. Deshalb war seine Enttäuschung fast abgrundtief, als seine Qualen sich wieder zur Stelle meldeten – er wußte ja nur zu gut, wozu sie führen würden – alle Arbeitskraft, Inspiration und Energie würden wieder verschwinden.

Diesmal verzweifelt Grieg. Am 29. Dezember 1894 schreibt er aus Kopenhagen einen düsteren, bitteren Brief an Beyer, einen Brief, der darauf hindeutet, daß Grieg mit dem Gedanken an Selbstmord gespielt hat: »Du willst etwas über mich hören. Ja, siehst Du, obwohl hier an Leben und Zerstreuungen und Wohlwollen und netten Menschen kein Mangel herrscht, so ist doch mein ›Selbst‹ alles andere als licht. Ich bin jetzt ziemlich sicher, daß es vom Magen kommt, denn an einem Tag von 30 oder 40 kann es passieren, daß mein Magen ziemlich in Ordnung ist, und dann bin ich sofort ein anderer. Lichterer Blick und Arbeitslust und Phantasie und alles, was gut ist, klopfen augenblicklich bei mir an. Und ich sage mir: Morgen mache ich weiter, um die Stimmung auszunutzen, solange sie vorhanden ist, aber dann – am Morgen – bin ich wieder der Alte, niedergeschlagen und schwermütig, ohne Fätigkeit, das Begonnene fortzusetzen. Und siehst Du, dieses Gefühl, daß mein Lebenswerk im Grunde beendet ist, habe ich bisher nicht akzeptieren können. Ich finde, ich habe noch viel zu tun, vieles, zu dem ich mich berufen und fähig fühle – in den seltenen guten Momenten. Aber jetzt geht mir auf, daß ich meinen Zustand mit klarem Blick sehen, resignieren und mich über alles Gute freuen soll, das Mutter Natur mir zugewiesen hat. Mit anderen Worten: Ich muß mir sagen: ›Gib Ruhe und bedanke dich!‹ Aber das schaffe ich nicht. Denn Arbeitslust und Ehrgeiz sind bei mir durchaus noch nicht gestorben. Und das quält mich. Quält mich mehr, als ich sagen kann. Es ist wie ein ewiger Albtraum. Als würde ich erstickt, oder als stünde ein entsetzliches Unglück unmittelbar bevor. In der letzten Zeit haben solch düstere Gedanken mein Gemüt mehr beunruhigt als früher. Und es gibt Zeiten, in denen ich mich wirklich vor dem fürchte, zu dem das noch führen kann.« Grieg fürchtete sich jedoch nicht nur vor seinem eigenen Schicksal, er machte sich in diesem Winter auch Sorgen um Nina. Kurz nach Neujahr wurde ihr aus einer Brust ein Krebsgeschwür entfernt. Die vielen Krankheiten brachten Grieg diesmal dazu, an sein Testament zu denken. »An einem Tag ging es mir so schlecht,« schreibt er am 29. März 1895 an Beyer, »daß ich Nina bat, die Reisetasche mit meinen Papieren zu öffnen. Dann machte ich ihr meine Verfügungen so gut wie möglich klar und fühlte mich danach wirklich erleichtert« – er war erst einundfünfzig Jahre alt.

Königliche Erlebnisse

Neben dem schweren Winter in Lofthus 1877/78 und dem Herbst 1883, als Edvard Nina verlassen wollte, war wohl keine Zeit für die beiden schwieriger als der Winter 1894/95 – Edvard mit »düsteren Gedanken« und »beunruhigtem Gemüt« und Nina mit ihrer Krebsoperation – Depressionen und Schlimmeres waren zum Greifen nah. Aber Ruhe zu geben und sich zu bedanken, während Arbeitslust, Ehrgeiz und Kampfgeist unter Frustration und Unruhe noch lebten, war für Edvard Grieg eine unerträgliche Vorstellung. Er wollte nicht aufgeben! Sein Trotz meldete sich zu Wort – und brachte ihn von dem Gedanken ab, ein »entsetzliches Unglück« zu begehen. Die folgenden Jahre jedoch waren Jahre, in denen Trauer und Freude gemeinsam wanderten – Krankheit und Erfolg gingen Hand in Hand.

Was den Erfolg betraf, so hatten die europäischen Königshäuser inzwischen Grieg und seine Kunst nachdrücklichst entdeckt. Grieg jedoch konnte sich für Königliche Hoheiten nicht so sehr begeistern, so lange sie keine schlichten und natürlichen Menschen waren. Griegs Erzählungen konnten ungewöhnlich säuerlich und sarkastisch ausfallen, wenn sich bei einem Prinzen oder einer Königin Unnatürliches oder Snobismus zeigten. Wie zum Beispiel am 4. März 1894 bei einem Konzert in Den Haag. Dort, erzählt Grieg leicht ironisch, »waren zwei Königinnen zugegen, was allem ein gewisses feierliches Gepräge gab. Kaum trat ich ein, da knallten auch schon die Fanfaren los, die Lorbeeren (die unverdienten) lagen schon bereit, und mitten im Konzert trat ein General hervor und hielt eine Rede und überreichte mir ein Diplom über meine Ehrenmitgliedschaft in der Gesellschaft ›Diligentia‹. Allgemeiner Jubel (sehr komisch). Die Königinnen taten, was sie immer tun (hörte ich), sie blieben bis zum Ende. Und dann schickten sie einen General in die Garderobe, der mir mit ehrerbietiger Feierlichkeit erzählte, die Königinnen ließen grüßen, danken und ausrichten, sie hätten mich zum Offizier von – ja, was war das doch noch gleich? – ernannt. Das habe ich doch tatsächlich vergessen. Aber es war etwas Niederländisches. Wir entfernten uns abrupt, stiegen in unseren Wagen und fanden zu Hause Austern, Champagner und Gemütlichkeit vor.« Grieg hatte den Oranje-Nassau-Orden erhalten, eine der höchsten niederländischen Auszeichnungen. Einige Tag später schreibt Grieg trocken an den Direktor des Peters-Verlages: »Im Koffer machen die Orden sich sehr gut, die Zöllner an den

Grenzen sind immer besonders liebenswürdig, wenn sie sie sehen.« Für Grieg waren Orden niemals etwas anderes als Metallstücke.

Mit all seinem Ruhm im Rücken erlaubte Grieg es sich, bei zwei anderen königlichen Anlässen fast Skandal zu machen, das eine Mal im Londoner Buckingham Palast, das andere Mal im Osloer Schloß bei König Haakon und Königin Maud. Im Buckingham Palast wurde ihm und Nina am 28. Mai 1906 zusammen mit Nansen eine feierliche Audienz gewährt. In seinem Tagebuch berichtet Grieg: »Und dann passierte das, womit ich nicht gerechnet hatte, der König und die Königin wollten Musik. ›Was thun?‹ Hinein in den Musiksalon, ich an den Bechstein, ich denke an die Taubheit der Königin und hämmere das Menuett der Klaviersonate. Und dann? Der König, der neben Nansen saß, fängt ganz ruhig und laut ein Gespräch mit ihm an. Das passierte gleich vor dem Trio, und ich machte eine Pause und blickte den König fragend an, der meine Frage mit einem breiten Lächeln beantwortete. Also machte ich weiter. Aber Gott soll mich schützen: Noch einmal dieselbe Geschichte. Jetzt wurde ich böse und legte eine längere Kunstpause ein, die er, das hat mir später Nansen erzählt, begriff und zur Kenntnis nahm. Es ist ein starkes Stück, Musik zu verlangen und sich dann so zu benehmen. Dann wollte die Königin ein Lied, und welches Lied? Natürlich *Gedanke meine Gedanken*, das in dem großen Salon gut klang… Dann redeten wir eine Weile mit der Königin, die durchaus nicht so taub ist, wie behauptet wird…«

Die Rückreise nach Troldhaugen führte über Kristiania, wo Grieg dem norwegischen Königspaar die Grüße des englischen überbringen sollte. Es wäre fast ein Fiasko geworden, denn Grieg war König Haakon gegenüber mißgestimmt. In seinem Tagebuch berichtet er: »Hatte die saure Aufgabe, dem norwegischen Königspaar Grüße von König Edward und Königin Alexandra auszurichten. Wir wurden um zwei von König und Königin empfangen. Beide waren sehr liebenswürdig und umgänglich, wie immer, aber wenn die Rede auf Kunst, Musik kommt, ist der Teufel los. Als der König behauptete, König Edward sei Musikliebhaber, konnte ich mich nicht beherrschen und sagte, es müsse sich um eine originelle Liebe handeln, denn ich hätte im Buckingham Palast fast einen Skandal gemacht, weil der König sich laut mit Nansen unterhielt, während ich spielte, weswegen ich mich zweimal unterbrechen mußte. Worauf König Haakon die göttlichen und bezeichnenden Worte sprach: ›Ja, aber König Edward kann eben Musik hören und gleichzeitig ein Gespräch führen.‹ Worauf ich platzte und rief: ›Ja, ob man nun König von England oder ein ganz gewöhnlicher Mensch ist, so ist es doch falsch und ich nehme es nicht hin. Ich kann aus Rücksicht auf meine Kunst nicht alles akzeptieren.‹ Der König machte eine Bewegung wie ein Hampelmann und ging mit einem Lächeln auf ein anderes Thema über. Es war sehr schön, daß er seinen Schwiegervater verteidigen wollte, aber es muß ja wohl Grenzen geben.« Griegs deutliche Irritation war aller Wahrscheinlichkeit nach der Grund, aus dem er Norwegens König und Königin bei dieser Gelegenheit recht unpassend gegenübertrat. Er verstieß gegen die Etikette, indem er selber die Audienz beendete. Als er fand, sie habe nun lange genug gedauert, verabschiedete er sich kurzerhand zusammen mit Nina. König Haakon und Königin Maud konnten das sicher verzeihen – sie wußten nämlich sehr gut, daß Grieg sie beide sehr schätzte. Nur konnte Grieg sich bei dieser Gelegenheit einfach nicht beherrschen – der Kunst mußte man mit Respekt begegnen.

Griegs Haltung zeigt sich bei einem Konzert im Kopenhagener Arbeiterverein 1899 am besten. Obwohl sein vielleicht düsterstes Werk – das Streichquartett in G-Moll – auf dem Programm stand, verzauberte dieses Quartett das Publikum dermaßen, daß es vor Begeisterung außer sich geriet. Das erfreute Griegs soziales Gemüt über alle Maßen, und in einem Brief an Julius Röntgen schreibt er: »Meine Ansicht wurde bestätigt. Hier gibt es das beste Publikum. Ja, dieses verdammte blasierte und glasierte sogenannte feine Publikum, sei es nun im Gewandhaus in Leipzig oder in der Musikvereinigung in Kopenhagen! Nein, die Unverdorbenen verfügen über Begeisterung; die anderen haben sie nicht oder nur ausnahmsweise.«

Griegs letzte Reise

Griegs letztes Lebensjahr war von immer schlimmer werdender Krankheit geprägt – Schlaflosigkeit, Atembeschwerden, und sogar Halluzinationen, wenn die Krankheit am ärgsten wütete. In seinem Tagebuch schreibt er am 31. Juli 1906 verzweifelt über die Atemnot der letzten Zeit, ohne Halluzinationen zwar, aber mit quälendem Rheumatismus: »Nein, Troldhaugen, ja, Westnorwegen ist für mich eine teure Liebe, denn sie nimmt mir das Leben. Aber – Westnorwegen hat mir das Leben gegeben, die Lebensbegeisterung, das Ziel, es in Tönen wiederzugeben. Diese Gabe war nur eine Leihgabe. Ich muß sie zurückbezahlen, wenn das verlangt wird.« Und es wurde in der Nacht zum 4. September 1907 vom ihm verlangt. Griegs Lebensreise ging zu Ende.

Die Todesursache war eine von einem starken Emphysem in dem einen Lungenflügel verursachte Herzlähmung – er war ganz einfach restlos erschöpft, und Oberarzt

Klaus Hanssen, der Grieg während seiner letzten Tage behandelt hatte, hatte nur eine Erklärung dafür, daß Grieg so lange durchgehalten hatte: Dessen unvorstellbare Energie und Lebenswille.

Griegs symbolische Verbeugung im Todesaugenblick wurde erwidert – die ganze musikalische Welt trauerte. Die Beileidsbekundungen strömten herbei – aus allen Schichten, von Königen, Kaisern, Freunden und Kollegen. Viele normale musikliebende Menschen bedachten Grieg – diesen vielleicht beliebtesten Komponisten aller Zeiten – mit einem stillen Gedanken, als sich die Nachricht von seinem Tode in der Welt verbreitete. Für Millionen von Menschen war Grieg ein Komponist, der in seiner Musik so gut wie alle Seiten des menschlichen Gefühlslebens dargestellt hatte – wir finden uns in seinen Klängen leicht wieder. Deshalb konnte er die einfachen Menschen ansprechen. Das Schlichte, Unmittelbare war wichtig für

Grieg. Und das Schlichte und Natürliche war auch der Lebensstil von Nina und Edvard Grieg. Auf der Konzertbühne fehlten diesem Künstlerpaar alles Gekünstelte, alle Primadonnenlaunen. Das war ungewohnt für das europäische Kunstpublikum. Das Manirierte, Künstliche und Überzogene war noch immer sehr verbreitet, nachdem es in der ersten Hälfte des 19. Jahrhunderts zur wahren Manie geworden war. Die oben erwähnte Beschreibung der Zeitung Truth ist wichtig, da sie deutlich zeigt, wie weit Nina und Edvard Grieg von Primadonnen- und Blenderwesen entfernt waren. Zusammen mit dem Erlebnis von Griegs Musik hat das dem europäischen Publikum das Gefühl das Schlichten, Natürlichen und Unmittelbaren gegeben. Die Charakteristik, mit der Bjørnson im Jahre 1873 bei der Enthüllung des Leif Erikson-Denkmals Grieg und dessen Musik bedachte, bringt vielleicht auch die Empfindungen des Publikums zum Ausdruck: »Es ist Frühling. Morgens früh. Tau liegt im Gras. Deine Füße werden ziemlich naß.« Edvard Grieg – ein Frühlingssturm aus dem Norden – etwas Neues und Ungewohntes in der musikalischen Welt, schön und begeisternd!

Nina und Edvard Grieg zusammen mit Karoline und Bjørnstjerne Bjørnson

ILLUSTRATIONEN:

Bergen Öff. Bibliothek: S.7
Königliche Bibliothek, Kopenhagen: S.14
Knudsens Fotosenter: S. 26, 64
Nationalmuseet, Stockholm: S.23, 37
Troldhaugen: S.38, 49, 61
Universitätsbibliothek Bergen, Bildersammlung: S.4, 30, 41
Universitätsbibliothek Oslo, Bildersammlung: Umschlag, S.2, 10, 63

AVENTURAS KULTURFÜHRER
REDAKTION: GRO STANGELAND

KJELL BÆKKELUND
Grieg – *Ein Frühlingssturm aus dem Norden*

ÜBERSETZUNG: GABRIELE HAEFS

© 1995 AVENTURA FORLAG A.S
DESIGN: EXIL DESIGN
DRUCK: TANGEN GRAFISKE SENTER A.S

ISBN 82–588–1142–8